TOUT BIEN RÉFLÉCHI

Aphorismes

Aaron Haspel

Traduit de l'anglais
par Jean-Benoît Rainville

Titre original : *Everything*
Traduit de l'anglais par Jean-Benoît Rainville

© 2018 Aaron Haspel
ISBN : 978-0-692-07648-4

Conception de la page couverture : Lisa Haspel
Mise en page : Eric Serre (Bistro Design)

Pour joindre l'auteur : ahaspel@gmail.com
Pour joindre le traducteur : jbrainville@gmail.com
Site web du livre (en anglais) : everything.aaronhaspel.com

Pour Lisa

TABLE

TOUT BIEN RÉFLÉCHI

AVANT-PROPOS DU TRADUCTEUR

Écrire peu, dire beaucoup : n'est-ce pas là l'essence même de l'aphorisme ? Dans sa nouvelle « Le miroir et le masque », Jorge Luis Borges raconte l'aventure d'un poète chargé par son roi d'en chanter les exploits. Le poète livre un premier texte, épique, qui séduit la cour et lui vaut un miroir d'argent ; puis un second texte, plus puissant — et plus court — pour lequel il reçoit un masque d'or. Mais le roi, toujours insatisfait, le défie de faire mieux encore. L'œuvre finale du poète ne contiendra plus... qu'un seul vers. Véritable sortilège, les mots sont d'une telle puissance que le roi, obnubilé, se fera mendiant, non sans avoir remis au poète un ultime cadeau : une dague, avec laquelle ce dernier s'enlèvera la vie.

Le pouvoir des aphorismes, lui, n'a rien de magique, ni de létal. La vie du lecteur est sauve — mais pas son amour-propre ; Aaron Haspel nous tend un miroir qui révèle nos masques et met en lumière tant nos failles individuelles que nos crevasses collectives. Il manie la dague et dépèce imperturbablement notre nature moderne (est-elle si différente de notre nature à toute époque ?) Pour le traducteur, préserver la clarté de ce miroir et le tranchant de cette lame est l'impératif premier. À cela s'ajoute une difficulté propre à la forme aphoristique : le courtisan se voit forcé de faire court. Voilà le mandat que lui a confié son roi, l'auteur.

Cette triple contrainte — clair, coupant, et court — pose un défi qui est littéralement de taille. Car le français, bien qu'il soit capable de concision, y parvient rarement en aussi peu de mots que l'anglais ! Tout mot supplémentaire devait donc mériter sa place, sans quoi l'effet du texte original risquait de s'étioler. Malgré cette vigilance, d'occasionnels écarts de sens se sont avérés inévitables, comme certaines longueurs. Aussi avons-nous choisi de publier cet ouvrage sous forme bilingue : le lecteur familier avec l'anglais pourra remonter immédiatement à la source, lorsqu'il en est curieux. Du reste, certaines sagesses gagnent parfois même en relief et en nuance lorsqu'on les examine à la lumière du génie de nos deux langues, ici réunies.

Enfin, une vingtaine des aphorismes de l'ouvrage original ont été supprimés, dont le sens reposait sur des idiotismes, ou sur des jeux avec la langue anglaise elle-même.

AVANT-PROPOS

Ce livre est né du constat que je suis — ou du moins, souhaiterais être — un auteur dont les écrits se tolèrent mieux à petites doses, une ou deux phrases à la fois. Les livres ne devraient que rarement être lus d'un seul trait, et lire celui-ci en une séance, ce serait comme vider le pot de crème glacée.

On se moque souvent des aphorismes, qu'on dit banals. Pourtant, ils sont l'exemple même d'une pensée qui se traduit en gestes, la seule qui vaille. Quatre ou cinq d'entre eux suffisent à régler la vie de la plupart des hommes — qu'ils en soient conscients ou non. Quant aux chapitres thématiques qui découpent cet ouvrage, ils s'interpénètrent, comme dans la vie.

Il n'y a jamais eu de livre trop court : celui-ci ne fera pas exception. La Rochefoucauld, le plus grand dans son genre, a publié environ six cents aphorismes, oubliables pour la plupart. J'aurais volontiers supprimé du présent recueil les dix pires aphorismes, si j'avais su les identifier. J'aurais pu alors faire de même avec les dix pires suivants, et ainsi de suite jusqu'à n'avoir, au lieu d'un livre trop long, plus de livre du tout. À défaut, peut-être les lecteurs trouveront-ils quelques perles parmi ces rebuts, et peut-être le rebut de l'un sera-t-il la perle de l'autre.

L'ÉCOLE

Fabriquer la bêtise en série.

Education is free: credentials are expensive.

•

Defang a book by putting it on the syllabus, a painting by putting it in a museum, and a radical by putting him in the ministry.

•

All intellectuals must begin as pseudo-intellectuals.

•

Of all the lies taught in school, the most vicious is that one ought to perform boring tasks diligently.

•

The least forgiving pedant is the kindergartener in possession of a new fact.

•

It never seems to occur to the teacher who complains of inattentive students that he may not be worth attending to.

L'éducation est gratuite ; les diplômes sont chers.

•

Pour dégriffer un livre, mettez-le dans le plan de cours ; une toile, dans le musée ; un extrémiste, dans le ministère.

•

Tous les intellectuels commencent comme pseudo-intellectuels.

•

De tous les mensonges qu'on enseigne à l'école, le plus pernicieux est qu'on doit accomplir les tâches ennuyeuses avec diligence.

•

Il n'y a pas plus pédant qu'un élève de maternelle en possession d'un nouveau fait.

•

Le professeur qui se plaint de l'inattention de ses étudiants semble incapable de concevoir qu'il ne mérite peut-être pas qu'on l'écoute.

Americans take no interest in education but are obsessed with schooling.

•

Nearly every field of human endeavor should be rescued from its admirers.

•

Beware of any discipline that creates its own subject matter.

•

Some subjects are to be studied for their own sake, others for the immunity conferred against their adepts. The vaccination principle applies to education as well as to medicine.

•

An above-average capacity for boredom is optimal; a superior one is disastrous.

•

Every business dreams of answering "How much does it cost?" with "How much have you got?" Only college achieves it.

Les Américains n'ont aucun intérêt pour l'éducation, et sont obsédés par la scolarité.

•

On devrait rescaper presque tous les champs d'activité humaine de leurs admirateurs.

•

Méfiez-vous de tout champ d'études qui crée sa propre matière.

•

Certains sujets méritent d'être étudiés en soi; d'autres, pour s'immuniser contre leurs adeptes — le principe de la vaccination s'applique autant à l'éducation qu'à la médecine.

•

Savoir s'ennuyer un peu mieux que la moyenne des gens, c'est l'idéal; beaucoup mieux, c'est le désastre.

•

À la question « Combien ça coûte? », toute entreprise rêve de pouvoir répondre « Combien as-tu? »; seules les universités américaines en sont capables.

The most effective way to learn is by devoting oneself to a single subject for months at a time. Its opposite is school.

•

A chief source of the world's ills is that it is run largely by people who did well in school.

•

A university whose science faculty taught all of its humanities courses would be operative; the reverse would be grotesque.

•

First school spoils us for learning, and then jobs spoil us for work.

•

An education is frequently confused with the flotsam one picks up on the way to acquiring it.

•

Never before have so many spent so much time in school to so little purpose.

La meilleure façon d'apprendre est de se consacrer à un seul sujet durant des mois. À l'opposé, il y a l'école.

•

Les maux de notre monde proviennent largement du fait qu'il est en grande partie dirigé par d'anciens élèves modèles.

•

Une université dont la faculté de science donnerait tous les cours de sciences humaines serait fonctionnelle; l'inverse serait grotesque.

•

L'école nous rend inaptes à apprendre, puis les emplois nous rendent inaptes à travailler.

•

On confond souvent l'éducation avec tous les débris qu'on a accumulés en chemin.

•

Jamais n'est-on allé aussi longtemps à l'école, pour en retirer aussi peu.

LA LECTURE

One reads so as not to believe everything one reads.

•

In hell you are forced to reread continuously all the books you loved when you were twenty.

•

The self-justifying utterances of murderers, thieves, cowards, blowhards, and madmen all enter the quote books under *Shakespeare.*

•

Many books are least likely to be read by the people who would profit most by reading them.

•

There is little difference between collecting books and collecting porcelain elephants.

•

To read well you have to live a little.

On lit afin de ne pas croire tout ce qu'on lit.

●

En enfer, on vous force à relire, encore et encore, tous les livres que vous adoriez à vingt ans.

●

Les meurtriers, les voleurs, les lâches, les vantards et les fous, on en trouve les paroles dans tout livre de citations, sous *Shakespeare.*

●

Plusieurs des livres dont on profiterait le plus sont aussi ceux qu'on est le moins susceptible de lire.

●

Collectionner des livres ou des éléphants de porcelaine, ça revient à peu près au même.

●

Pour mieux lire, vivez davantage.

We all know intimately many more fictional characters than real ones.

•

Reading old books leavens our fashionable prejudices with a few unfashionable ones.

•

In fiction murderers and thieves often elicit the reader's sympathy and understanding; snobs and ingrates elicit only his contempt.

•

It takes half a lifetime to learn to read slowly.

•

We say of indelible characters from life that they could be fictional; and from books, that they could be real.

•

The reader properly resents coincidence. Life does not arrange itself to suit him; why should it arrange itself to suit the author?

Nous connaissons intimement beaucoup plus de
personnages fictifs que réels.

•

Lire des classiques assaisonne nos préjugés modernes
avec des préjugés démodés.

•

Dans la fiction, les meurtriers et les voleurs s'attirent
souvent la sympathie du lecteur ; les snobs et les ingrats
n'éveillent que son mépris.

•

Il faut la moitié d'une vie pour apprendre à lire lentement.

•

On dit des personnages inoubliables de notre quotidien
qu'ils semblent tout droit sortis d'un roman ; de ceux d'un
roman, qu'ils pourraient être réels.

•

Le lecteur supporte mal les coïncidences, et il a raison.
La vie ne se plie pas à nos désirs ; pourquoi l'auteur
ferait-il exception ?

An unending series of plausible occurrences is impossible in life, and insisted on in fiction.

•

Reading an author's work for his life is like digging up a garden for manure.

•

Cows chew cud, people read newspapers.

•

The reliable narrator is a literary convention.

•

The worst hangover is the morning after you finish a bad book.

•

Read to be contradicted.

Dans la vie, on ne rencontre jamais une suite ininterrompue d'événements plausibles ; la fiction, elle, l'exige.

•

Lire une œuvre en y cherchant la vie de l'auteur, c'est comme retourner un jardin dans l'espoir d'en retrouver le fumier.

•

La vache mâche son herbe, l'homme lit son journal.

•

Le narrateur fiable est une convention littéraire.

•

Il n'y a pas pire gueule de bois qu'au lendemain d'avoir terminé un mauvais livre.

•

Lisez pour être contredits.

The footnotes are the most important part of corporate annual reports, and the same is often true of non-fiction.

•

Only the very cruelest novelists reproduce dialogue accurately.

•

One often hears complaints against morally improving books, as if it were better to be degraded by one's reading.

•

One does not so much remember the books as become infused with them.

•

Reading, unless it's for writing, is high-class idling.

•

You stir up a lot of sunken knowledge when you reorganize your library.

Les points les plus importants d'un rapport annuel sont dans les notes de bas de page; c'est souvent le cas aussi pour les ouvrages de non-fiction.

•

Seuls les romanciers les plus cruels restituent fidèlement un dialogue.

•

Beaucoup s'opposent à ce qu'on améliore les livres sur le plan moral, comme si une lecture dégradante était préférable.

•

Ce n'est pas tant qu'on se souvient d'un livre : c'est qu'il s'infuse en nous.

•

Lire, à moins que ce ne soit aux fins d'un projet d'écriture, n'est que flânerie haut de gamme.

•

Réorganiser sa bibliothèque fait remonter toutes sortes de connaissances englouties.

We laugh at novels in which the weather tracks the moods of the characters, yet our own moods mostly track the weather.

•

Everyone who used to read is now too busy writing.

•

Unbending virtue dies on the page. Bores, prigs, hypocrites, blowhards, martinets — these are the glories of world literature.

•

News is noise.

Difficile de se moquer des romans où la météo suit l'humeur des personnages, lorsqu'on sait combien nos propres humeurs suivent la météo.

•

Tous ceux qui lisaient sont aujourd'hui trop occupés à écrire.

•

Sur la page, droiture et vertu n'ont pas d'avenir ; ce sont les emmerdeurs, les vantards, les hypocrites et les petits tyrans qui font la gloire de la littérature mondiale.

•

Bulletin de nouvelles, bulle de bruit.

L'ÉCRITURE

Si c'était exactement ce que vous pensiez,
vous auriez utilisé exactement
les mêmes mots que moi.

The ideal work environment for a writer is jail.

•

Prose can hide every vice but vanity.

•

No book has ever been too short.

•

To be paid for opinions corrupts; and to be paid for particular opinions corrupts absolutely.

•

There are ways of putting things, and each way is a different thing.

•

Surfeit, *n.* A group of poets.

Pour un auteur, le milieu de travail idéal est la prison.

•

La prose sait masquer tous les vices sauf la vanité.

•

Nul livre n'a jamais été trop court.

•

Être payé pour son opinion corrompt; être payé pour une opinion précise corrompt absolument.

•

Il y a plusieurs manières de dire les choses, et chaque manière est une chose en soi.

•

Surabondance, *n.f.* : groupe de poètes.

To make an epigram, invert a cliché.

•

More is lost in translation from thought to page than from one language to another.

•

Any remark sufficiently clever will eventually be attributed to someone sufficiently famous.

•

It is difficult to write even ten words without wasting one.

•

Always state the opposing view as persuasively as possible, not to be fair to your opponents but to demoralize them.

•

No style guide can address the chief defect in writing, which is having nothing to say.

Pour obtenir une épigramme, inversez un cliché.

•

Traduire sa pensée en mots sur la page entraîne plus de pertes que de la traduire d'une langue à une autre.

•

Tout mot d'esprit suffisamment brillant sera un jour attribué à quelqu'un de suffisamment célèbre.

•

On peine à écrire même dix mots sans en gaspiller un.

•

Exposez toujours le point de vue adverse de façon convaincante, non par souci d'équité envers vos adversaires, mais afin de les démoraliser.

•

Aucun guide de style ne peut combler la principale lacune d'un auteur : n'avoir rien à dire.

The reader will often reject, when it is explained and argued for, what he would swallow if it were stated baldly and unadorned.

•

If you write for any other reason than to discover what you think, you are just wasting everybody's time.

•

Less garbage was written when it had to be written by hand.

•

The ellipsis is the shuffling derelict of punctuation.

•

You may not get the size of audience you deserve, but you always get the kind.

•

Omit, in order of ascending importance, superfluous words, sentences, paragraphs, articles, chapters, and books.

Un lecteur rejette souvent les faits appuyés par des arguments — les mêmes faits qu'il admettrait sans broncher si on les lui présentait sans nuance ni artifice.

•

Écrire pour toute raison autre que de découvrir ce qu'on pense, c'est faire perdre son temps à tout le monde.

•

On écrivait moins de bêtises lorsqu'on devait le faire à la main.

•

Les points de suspension sont les vagabonds aux pieds lourds de la ponctuation.

•

Vous n'aurez pas nécessairement la taille de public que vous méritez, mais vous en aurez toujours le type.

•

Évitez les mots inutiles; mais aussi, par ordre croissant d'importance, les phrases, les paragraphes, les chapitres, et les livres.

To write is to attempt to assemble a serviceable cottage from the ruins of the castle of thought.

•

Print overawes the illiterate just as machinery overawes the savage.

•

One idea suffices — for a book, for an essay, for an aphorism.

•

Ignorance prevents plagiarism but does not confer originality.

•

The author who displays his library is like the suspect who leads police to the scene of the crime.

•

Good critics do not have good taste. They have articulate, consistent taste for which the reader can correct.

Écrire, c'est tenter de construire une maison rudimentaire à partir des ruines du château de la pensée.

•

La machine impressionne le sauvage ; l'imprimé impressionne l'illettré.

•

Une seule idée suffit — pour un livre, un essai, ou un aphorisme.

•

L'ignorance prévient le plagiat, mais ne confère pas l'originalité.

•

L'auteur qui exhibe sa bibliothèque est comme un suspect qui mènerait les enquêteurs sur les lieux du crime.

•

Ce n'est pas que les bons critiques aient du goût : c'est que leurs goûts, précis et constants, servent d'étalon au lecteur.

Minor masterpiece, *n.* What critics call a book they think they might have written themselves with a few more evenings and weekends free.

•

Read a lot: think some: write a little.

•

People speak and write in clichés because they see and think in them.

•

By infecting others the writer cures himself.

•

It's easy to be prolific — just keep repeating yourself.

•

Integrity is the writer refusing to make allowances for the reader; philistinism is the reader refusing to make allowances for the writer.

Petit chef-d'œuvre : livre dont le critique estime qu'il aurait pu l'écrire lui-même, si seulement ses soirées et ses weekends avaient été plus libres.

•

Lire beaucoup; réfléchir un peu; écrire peu.

•

Si l'on s'exprime en clichés, c'est que l'on voit et que l'on pense ainsi.

•

L'auteur se guérit en contaminant les autres.

•

Être prolifique, c'est facile : ne cessez pas de vous répéter.

•

Le lecteur qui manque d'indulgence envers l'auteur est médiocre; l'auteur qui refuse d'épargner le lecteur est intègre.

Critics resent artists, but not half as much as artists resent critics.

·

An excellent book could be written consisting entirely of synopses of books that ought to be written.

·

You understand another language not when you can translate it, but when you no longer have to.

·

I ask one thing of literature: that it draw blood.

·

Read to remember, write to forget.

·

Influence is plagiarism spread thin.

·

Imitation is the most sincere, but parody is the most flattering.

Le ressentiment des critiques envers les artistes n'est rien
à côté de celui des artistes envers les critiques.

•

On pourrait écrire un excellent livre entièrement composé
des résumés de livres qu'il faudrait écrire.

•

Vous comprenez une autre langue, non quand vous pouvez
la traduire, mais quand vous n'avez plus à le faire.

•

Je ne demande qu'une chose de la littérature : qu'elle aille
jusqu'au sang.

•

Lire pour se souvenir, écrire pour oublier.

•

Influences : plagiat appliqué en couches fines.

•

Si l'imitation est la plus sincère forme de compliment,
la parodie est la plus flatteuse.

LA PENSÉE

The facts never speak for themselves.

•

Every age has its debilitating prejudice; open-mindedness is ours.

•

The contrarian attends most scrupulously to conventional wisdom.

•

The tragedy of nonsense is that it banishes difficulty.

•

One can be both right and ridiculous.

•

Certain ideas are so corrosive that they eat through even themselves.

Les faits ne parlent jamais d'eux-mêmes.

•

À chaque époque son préjugé débilitant : le nôtre est l'ouverture d'esprit.

•

L'anticonformiste n'en a que pour la pensée conventionnelle.

•

Le plus déplorable avec les bêtises, c'est qu'elles bannissent la complexité.

•

On peut avoir raison tout en étant ridicule.

•

Certaines idées sont à ce point corrosives qu'elles se grugent elles-mêmes.

Philosophies, like sweaters, have stray threads, and if you yank on one persistently the whole thing unravels.

•

Polytheism is pre-scientific: monotheism is anti-scientific.

•

The objects of folk-thought change: the patterns never do.

•

If thinkers were not responsible for their disciples they would not take such pains to disavow them.

•

Every logical fallacy is also a valid heuristic.

•

The less a discipline resembles mathematics, the less likely a clever theory is to be true.

Les philosophies, comme les chandails, ont des fils qui se défont : tirez dessus assez longtemps, et tout s'effondre.

●

Le polythéisme est préscientifique ; le monothéisme, antiscientifique.

●

Les objets de la pensée populaire changent ; sa perspective, jamais.

●

Si les penseurs n'étaient pas responsables de leurs disciples, ils ne se donneraient pas tant de peine à les renier.

●

Toutes les erreurs de logique sont aussi des heuristiques valides.

●

Moins une discipline ressemble aux mathématiques, moins il est probable que ses théories ingénieuses soient vraies.

The serial disciple is often mistaken for an independent thinker.

•

People say they can't draw when they mean they can't see, and that they can't write when they mean they can't think.

•

Profundities are often equivocations — trivially true in one sense, obviously false in another, and deep and subtle only if you do not choose.

•

First you do not write what you think, then you do not say what you think, and finally you do not think what you think.

•

The conclusions of philosophy are both true and interesting; but what is true is not interesting, and what is interesting is not true.

•

It is not unusual to despise a thinker and remain in his thrall.

Le disciple en série passe souvent pour un esprit libre.

•

Les gens se disent incapables de dessiner, alors qu'ils ne savent pas voir ; incapables d'écrire, alors qu'ils ne savent pas penser.

•

La profondeur d'un énoncé tient souvent à son ambiguïté : vrai mais anodin dans un sens, complètement faux dans l'autre, et profond seulement si vous ne choisissez ni l'un ni l'autre.

•

D'abord, vous n'écrivez pas ce que vous pensez. Puis, vous ne dites pas ce que vous pensez. En fin de compte, vous ne pensez pas ce que vous pensez.

•

Les conclusions de la philosophie sont soit vraies, soit intéressantes.

•

Il n'est pas rare d'exécrer un penseur tout en demeurant sous son emprise.

Nothing so distresses the disciple as the master changing his mind.

•

Stereotypes are folk statistics.

•

Metaphysics, *n.* Logic metastasized.

•

One certainty is often exchanged for another, doubt for certainty occasionally, certainty for doubt almost never.

•

If you wish to make a belief disappear, don't waste your time demonstrating that it is an illusion. Demonstrate that it makes you fat.

•

The critique is usually pertinent, the positive program disastrous.

Rien de plus terrifiant pour un disciple que de voir son maître changer son fusil d'épaule.

•

Les stéréotypes, statistiques du plus grand nombre.

•

La métaphysique, métastase de la logique.

•

On échange souvent une certitude pour une autre, et parfois un doute pour une certitude ; une certitude pour un doute, presque jamais.

•

Pour éliminer une fausse croyance, inutile de démontrer qu'elle est illusoire ; expliquez plutôt comment elle fait engraisser.

•

Le constat critique est souvent pertinent ; la réforme proposée, souvent désastreuse.

It is rarer to know when to think than how.

•

What is not indexed may as well not exist.

•

Mental effort dwarfs all other costs.

•

Every effort to know your own mind changes it, sometimes beyond recognition.

•

If you must be stupid, at least be lazy.

•

Small men flee from a generalization like small animals from a sudden noise — it might not mean danger, but why take a chance?

On sait plus souvent comment penser, que quand penser.

•

Ce qui n'est pas répertorié pourrait aussi bien ne pas exister.

•

La dépense intellectuelle éclipse tous les autres coûts.

•

Tout effort pour mieux connaître son propre esprit le transforme, parfois jusqu'à le rendre méconnaissable.

•

Si la stupidité est plus forte que vous, au moins soyez paresseux.

•

Les généralisations font fuir les petits esprits comme un bruit soudain les petits animaux — il n'y a peut-être aucun danger, mais pourquoi courir le risque ?

Much wisdom lies on the verge of sense.

•

The modern mind will countenance any explanation for what you say except that you believe it.

•

What scientists say is not science.

•

Most people, on most matters, are not, in fact, entitled to an opinion.

•

The last heresy is orthodoxy.

•

To make a reputation as a deep thinker, settle on a single half-truth early, and spend the rest of your life flogging it.

On trouve maintes sagesses aux frontières du sens.

•

Quoi que vous affirmiez, les modernes accepteront toutes les explications sauf une : vous y croyez.

•

Ce que disent les scientifiques n'est pas la science.

•

En réalité, dans la plupart des domaines, la plupart des gens n'ont pas droit à une opinion.

•

L'orthodoxie est l'ultime hérésie.

•

Pour vous faire une réputation de maître-penseur, choisissez le plus tôt possible une demi-vérité, et passez votre vie à la vendre.

Only intellectuals confuse what they know with what they can articulate.

•

The deontologist blindfolds himself, lest his eyes deceive him.

•

They laughed at Edison, they laughed at Fulton, and they laughed at every hopeless crackpot.

•

The first rule of philosophy is to forget everything you think you know. The second is to forget everything you know.

•

The two great metaphors for society in political philosophy have been machine and organism: thus the two for the individual have been cog and cell.

•

Ingenuity is fatal in philosophers.

Seul un intellectuel confond ce qu'il sait avec ce qu'il sait formuler.

•

Le déontologue se bande les yeux, de crainte qu'ils le trompent.

•

Ils ont ri d'Edison, ils ont ri de Fulton, et de tous les cinglés incurables.

•

La première règle de la philosophie est d'oublier tout ce que vous croyez savoir. La seconde est d'oublier tout ce que vous savez.

•

La société, aux yeux de la philosophie politique, est telle une machine ou un organisme; aussi voit-elle l'individu comme un engrenage ou une cellule.

•

L'ingéniosité, chez un philosophe, est fatale.

Thinkers are usually better understood by their detractors than their admirers.

•

The struggle to assimilate a new idea without disturbing the old ones is hideously physical, like becoming a werewolf.

•

Doubt of the obvious engenders belief in the impossible.

•

Theory owes far more to practice than practice does to theory.

Les penseurs sont habituellement mieux compris par leurs détracteurs que par leurs admirateurs.

•

Toute nouvelle idée nous rend hideux – comme un loup-garou en mutation – si on tente de l'assimiler sans déranger celles déjà en place.

•

Douter de l'évidence permet de croire à l'impossible.

•

La théorie est redevable à la pratique, bien plus que la pratique à la théorie.

L'ERREUR

A grudging willingness to admit error does not suffice; you have to cultivate a taste for it.

•

Where some has failed, more rarely succeeds.

•

It is so much easier not to be wrong than to be right.

•

Most of what passes for deep thought today can be traced to some misunderstanding of Darwin, Einstein, Heisenberg, or Gödel.

•

To make a grave error clearly and follow it through consistently will place a man among the greatest of philosophers.

•

In the most intractable arguments, one party regards as a question of degree what the other regards as one of kind.

Admettre ses erreurs à contrecœur ne suffit pas; on doit y prendre goût.

•

Là où un peu n'a pas fonctionné, un peu plus fonctionne rarement mieux.

•

Il est tellement plus facile de n'avoir pas tort que d'avoir raison.

•

La plupart des idées contemporaines qu'on dit profondes résultent d'une mauvaise compréhension de celles de Darwin, d'Einstein, de Heisenberg ou de Gödel.

•

Errer avec clarté et persister rigoureusement dans son erreur fera de vous un grand philosophe.

•

Nulle dispute plus insoluble que lorsque l'un voit une question de degré là où l'autre en voit une de nature.

To determine who is expert requires an expert.

•

Untried beliefs are the most firmly held.

•

Most problems are imaginary, and many real problems can be solved by redirecting the attention devoted to the imaginary ones.

•

Our collective delusion that we can fix most problems is another problem we can't fix.

•

When someone says that an argument has been discredited he means only that it has gone out of style.

•

Every contemporary freethinker would believe in Christianity if born in medieval England, and slavery if born in ancient Rome.

Pour reconnaître un expert, il faut un expert.

•

Les croyances non éprouvées sont les plus tenaces.

•

Les problèmes sont, pour la plupart, imaginaires : il suffit de réorienter l'énergie qu'on leur consacre pour régler nombre de problèmes réels.

•

Croire qu'on peut régler la plupart des problèmes est un autre des problèmes qu'on ne peut régler.

•

Qui dit d'un argument qu'il est discrédité entend seulement qu'il est démodé.

•

Eut-il vécu au Moyen Âge, le libre-penseur moderne aurait cru en un Dieu chrétien ; eut-il vécu dans la Rome antique, il aurait cru en l'esclavage.

A new law is passed. We do not read it; would not understand it if we read it; could not foresee its consequences if we understood it; yet hold an unalterable opinion of its merits.

•

The superstitions of a culture are easily discerned: they are the matters on which everyone agrees.

•

Anyone who believes that if you're not part of the solution you're part of the problem is part of the problem.

•

The inability to fathom a design without a designer leads to hostility to markets in half of the world, and hostility to Darwin in the other half.

•

Few would deny that the earth was flat if it were a small inconvenience to maintain that it is round.

•

People will cheerfully confess ignorance of a topic and reject indignantly the suggestion that it might debar them from an opinion.

Une nouvelle loi est adoptée : la lirait-on qu'on n'y comprendrait rien; la comprendrait-on que ses conséquences nous échapperaient. Pourtant, notre opinion à son sujet est faite.

•

Les superstitions d'une culture sont faciles à reconnaître : elles font consensus.

•

Quiconque croit que si l'on ne fait pas partie de la solution on fait partie du problème, fait partie du problème.

•

L'incapacité à s'imaginer une création sans créateur rend la moitié des gens hostiles aux marchés, et l'autre moitié, à Darwin.

•

Peu de gens nieraient que la Terre est plate si d'affirmer qu'elle est ronde présentait le moindre inconvénient.

•

Les gens admettront volontiers leur ignorance d'un sujet, tout en s'indignant si l'on suggère que cela leur enlève le droit à une opinion.

Few experiences are more salutary than losing an argument, but only if you notice.

•

The man who undertakes to rid himself of his illusions and biases can end up like an old painting, improperly cleaned.

•

Philosophy begins by asserting that appearance is not reality — that all is water, or fire, or does not move. It thus begins in sin.

•

The parable of the drunk looking for his keys under the street lamp, where the light is better, explains vast swaths of intellectual history.

•

Those who believe that what you cannot quantify does not exist also believe that what you can quantify, does.

•

The right side of history — it is a marvel in its way. Five small words, yet is there a contemporary folly it neglects to embrace?

Sortir perdant d'une dispute est l'une des expériences les plus bénéfiques qui soient — si vous le reconnaissez.

•

Quiconque entreprend de se laver de ses illusions et de ses partis pris risque de finir comme un vieux tableau mal nettoyé.

•

Dès ses origines, la philosophie dissocie apparences et réalité en affirmant que tout est eau, tout est feu, ou tout est immuable. C'est son péché originel.

•

La parabole de l'ivrogne qui cherche ses clés sous le lampadaire — où l'on y voit clair — explique de vastes pans de l'histoire de la pensée.

•

Ceux qui croient que les choses non quantifiables ne peuvent pas exister croient aussi que celles qui le sont, le peuvent.

•

« Le bon côté de l'Histoire » : à peine cinq mots, mais combien de dérives contemporaines à leur actif !

When you have eliminated all other possible explanations, the one that remains, however unlikely, must be that you missed something.

•

Dark motives lurk where independent beliefs cluster.

•

A man should be pleased to make subtle errors; it means he has avoided the obvious ones.

•

There are entire fields, like psychiatry and philosophy, devoted chiefly to exploding the errors that they create.

•

We pay too little regard to surfaces and too much to depths.

•

People are confused; it does not follow that the universe is paradoxical.

Une fois exclues toutes les autres explications possibles, la seule qui reste, aussi improbable soit-elle, est que quelque chose vous a échappé.

•

Partout où cohabitent des croyances non apparentées, cherchez les motivations cachées.

•

On devrait se réjouir de faire de fines erreurs; c'est signe qu'on a évité les plus évidentes.

•

Il y a des champs d'études entiers, comme la psychiatrie et la philosophie, essentiellement consacrés à détruire les erreurs qu'ils ont engendrées.

•

On se préoccupe trop des profondeurs, trop peu des surfaces.

•

Les gens ont l'esprit confus : il ne s'ensuit pas que l'univers est paradoxal.

The heretic is not punished for error: he is punished for heresy.

•

Today we believe everything, except what we are told.

•

On many topics it is embarrassing to have an opinion, no matter what it is.

•

To follow your heart is exactly what people who are skilled at manipulating your emotions want you to do.

•

How to Solve Problems
1. Ask if the problem exists.
2. Ask if it is not trivial.
3. Ask if you can do anything about it.
4. Ignore it.

L'hérétique n'est pas puni parce qu'il a commis une erreur, mais bien une hérésie.

•

De nos jours on croit à tout, sauf à ce qu'on nous dit.

•

Sur plusieurs questions, il est embarrassant d'avoir une opinion, quelle qu'elle soit.

•

Écouter son cœur, c'est précisément ce que les bons manipulateurs souhaitent que vous fassiez.

•

Procédure de résolution des problèmes
1. Vérifiez si le problème existe.
2. Vérifiez s'il est important.
3. Vérifiez si vous y pouvez quoi que ce soit.
4. Ignorez-le.

L'ORDINATEUR

Everything is analogous to software.

•

How vastly computers will improve our metaphors!

•

Mathematics, *n.* That part of human knowledge in which deduction is reliable.

•

Code is poetry, which says nothing about reading code, but poetry is also code, which says a lot about reading poetry.

•

Computers will never be intelligent because humans define intelligence as whatever they do better than computers.

•

All problems are technical, but not all techniques are adequate.

Tout est analogue à un logiciel.

•

Oh, comme les ordinateurs vont améliorer nos métaphores !

•

Mathématiques : part du savoir humain dont les déductions sont fiables.

•

Le code informatique est poésie, ce qui n'ajoute rien à sa lecture ; la poésie est aussi un code, ce qui ajoute beaucoup.

•

Les ordinateurs ne seront jamais dotés d'intelligence, puisque les humains définissent celle-ci comme tout ce qu'ils savent mieux faire que les ordinateurs.

•

Tous les problèmes sont d'ordre technique, mais toutes les techniques ne sont pas adéquates.

You can't be a polymath without the math.

•

Nobody loves an algorithm.

•

Relativity is uncertainty for infants, Heisenberg for children, and Gödel for adolescents. Uncertainty for adults is the halting problem.

•

The great divide will be crossed not when a computer can pass a Turing test, but when it can give one.

•

We invent metrics partly to dignify arguments, but mostly to disguise them.

•

Programming is collage at best and pastiche at worst.

Impossible d'être polymathe sans les math.

•

Personne n'adore un algorithme.

•

La théorie de la relativité, c'est l'incertitude pour les nourrissons; Heisenberg, l'incertitude pour les enfants; Gödel, pour les adolescents; et pour les adultes, c'est le problème de l'arrêt.

•

L'ultime frontière sera franchie lorsqu'un ordinateur pourra non seulement réussir le test de Turing, mais l'administrer lui-même.

•

On s'appuie sur des chiffres en partie pour ennoblir les disputes, mais surtout pour les masquer.

•

La programmation est, au mieux, un collage; au pire, un pastiche.

Mathematics is not a subject but a method, and ignorance of it is not a gap but a defect.

•

Computers are crude, but so are humans.

•

Efficient search is serendipity's implacable enemy.

•

The more software costs, the worse it is.

•

Even a computer can do only one thing at a time.

•

People put up with more from software than they ever would from humans.

Les mathématiques ne sont pas un type de contenu, mais une manière de voir : ne pas les connaître n'est pas un manque de culture, mais un handicap.

•

Les ordinateurs sont peu évolués, mais les humains aussi.

•

La recherche efficace est l'ennemi des heureux hasards.

•

Plus le logiciel est coûteux, pire il est.

•

Même un ordinateur ne sait faire qu'une chose à la fois.

•

Les gens tolèrent d'un logiciel toutes sortes de choses qu'ils n'accepteraient jamais d'un humain.

Computers more readily imitate our intelligence than our stupidity.

•

Our ancestors believed in ghosts of people; we believe in multiple regression — ghosts of causes.

•

The magic of compound interest, natural selection, and many other misunderstood phenomena is the simple algorithm, iterated indefinitely.

Les ordinateurs imitent plus facilement notre intelligence que notre stupidité.

•

Nos ancêtres croyaient aux fantômes; nous croyons aux régressions multiples — aux fantômes de causes.

•

La magie des intérêts composés, de la sélection naturelle et de plusieurs autres phénomènes mal compris tient à un simple algorithme, répété à l'infini.

LE MENSONGE

The truth is rarely dignified.

•

The most disinterested truth-seeker still angles for a world of greater rewards for disinterested truth-seekers.

•

The stupid delude themselves that anything is possible; the clever, that whatever they cannot do cannot be done.

•

The successful liar is never forgiven for showing us how tawdry the stories are in which we are eager to believe.

•

We say we feel old when circumstances have momentarily forced us to stop pretending that we are young.

•

When we can no longer tell ourselves that we are good, we tell ourselves that we are exceptional.

Vérité rime rarement avec dignité.

•

Même le plus désintéressé des chercheurs de vérité manœuvre pour que le monde profite aux chercheurs de vérité désintéressés.

•

L'idiot se croit capable de tout; le futé croit que ce dont il est incapable est impossible.

•

On ne pardonne jamais au menteur habile de nous avoir montré combien on aime croire aux histoires les plus immorales.

•

On dit se sentir vieux lorsque les circonstances nous empêchent momentanément de feindre la jeunesse.

•

Quand il n'est plus possible de se croire bon, on se croit exceptionnel.

Beautiful women become bored with hearing that they are beautiful because it is the only truth they are ever told.

•

If you think about whether you are genuine, too late.

•

To eliminate uncertainty from data, put it in a chart or graph.

•

To be perfectly sincere one must be very clever or very stupid.

•

We all speak truth to power that we are sure will pay us no mind.

•

A picture lies better than a thousand words.

Les belles femmes se lassent qu'on le leur dise, parce qu'elles n'entendent jamais d'autre vérité.

•

Se poser la question de sa propre authenticité, c'est y répondre.

•

Pour vous débarrasser de l'incertitude de vos données, faites-en un diagramme ou un graphique.

•

Ne jamais mentir demande beaucoup d'intelligence, ou de stupidité.

•

On dit toujours la vérité à ceux au pouvoir dont on sait qu'ils nous ignoreront.

•

Une image trompe mieux que mille mots.

The expert liar rarely misstates a fact.

•

The more you regard your life as a story, the more you edit it.

•

Sometimes one lies to avoid the appearance of lying.

•

To be better it is first necessary to pretend to be; and objections to improvement often masquerade as objections to pretense.

•

Utter rottenness often has nice manners.

•

When we say it's not the money, it's always the money, and when we say it's the money, it's always something else.

Le menteur expérimenté déforme rarement les faits.

•

Plus on voit sa vie comme un film, plus on en altère le montage.

•

On ment parfois pour ne pas avoir l'air menteur.

•

Devenir meilleur, c'est d'abord faire semblant de l'être, et toute répugnance à faire semblant cache souvent une répugnance à s'améliorer.

•

La fausseté la plus accomplie a souvent de bonnes manières.

•

Lorsqu'on dit que ce n'est pas une question d'argent, c'en est toujours une ; lorsqu'on dit que c'en est une, c'est toujours autre chose.

Optimism is the philosophy of despair.

•

You call a man a cynic when you can't call him wrong, and an idealist when you don't want to.

•

It is easier to speak the truth than to hear it.

•

The fanatic merely acts on his creed. His opposite is the hypocrite, and there is no third alternative.

•

Your terrible secret is that you have no terrible secret.

L'optimisme est la philosophie du désespoir.

•

On dit cynique celui à qui il est impossible de donner tort,
et idéaliste, celui à qui on ne veut pas donner tort.

•

Il est plus facile de dire la vérité que de l'entendre.

•

Il y a le fanatique, qui ne fait qu'agir selon ses croyances;
à l'opposé, il y a l'hypocrite. Il n'y a pas de troisième option.

•

Votre plus terrible secret est que vous n'avez aucun terrible
secret.

LA REPRODUCTION

*L'amour est un idéal, le mariage une réalité ;
confondre la réalité avec l'idéal ne reste
jamais impuni.*
    — Goethe

Marry for love, divorce for character.

•

Marriages survive not on love but admiration.

•

If you want to kill your marriage, talk about it.

•

A man will often marry a woman because he is tired of courting her.

•

Trophy wives also have trophy husbands.

•

It matters less if you love your wife than if you like her.

Mariage d'amour, divorce de réalité.

•

C'est l'admiration, pas l'amour, qui fait durer un mariage.

•

Une bonne façon de détruire votre mariage, c'est d'en parler.

•

Las de courtiser une femme, souvent, un homme l'épousera.

•

Les femmes trophées aussi ont des maris trophées.

•

Il importe moins d'aimer sa femme que de la trouver agréable.

If the object of desire is rich, we call it gold-digging; if handsome, lust; if clever, fascination; and if he has no discernible appeal, we call it love.

•

Spouses never quite forgive each other their existence before they met.

•

Marry a beautiful woman to be envied, an intelligent woman to be fascinated, and a thrifty woman to be happy.

•

You can divorce your wife but not your generation.

•

The honeymoon ends with the first sigh.

•

Beginning by giving up sex roles, the more logical feminists end by giving up sex.

Si l'objet de votre désir est riche, on appelle ça cupidité; s'il est beau, concupiscence; s'il est brillant, subjugation. S'il ne présente aucun attrait particulier, on appelle ça l'amour.

●

Les époux ne se pardonnent jamais l'un l'autre d'avoir existé avant leur rencontre.

●

Pour être envié, mariez une belle femme; pour être stimulé, une femme intelligente; pour être heureux, une femme économe.

●

On peut divorcer de sa femme; impossible de divorcer de sa génération.

●

La lune de miel prend fin avec le premier soupir.

●

Après avoir renoncé aux rôles sexuels, les féministes les plus cohérentes renoncent aussi au sexe.

Confusion about pronouns and antecedents will be feminism's enduring legacy.

•

Once you see human interaction as a contest to signal mating fitness, you never see it as anything else.

•

When a man publicly declares that he loves his wife he means he doesn't like her.

•

Eye candy is rarely ear candy.

•

Countless "dysfunctional" marriages persist in spite of the therapist's disapproval. The better term would be "functional."

•

Between machismo and boyishness lies a large and almost entirely unexploited market niche.

La confusion autour des pronoms et des antécédents sera le legs le plus durable du féminisme.

•

Dès lors qu'on voit les rapports humains comme une course à la reproduction, il devient impossible de les voir autrement.

•

Lorsqu'un homme déclare en public aimer sa femme, c'est qu'il ne l'aime pas beaucoup.

•

Qui régale l'œil ravit rarement l'oreille.

•

Tant de mariages « dysfonctionnels » perdurent — malgré la désapprobation du thérapeute — qu'il serait plus juste de les dire « fonctionnels ».

•

Entre charme macho et charme gamin, il existe un large créneau pratiquement inexploité.

LE TRAVAIL

Les affaires sont plus agréables que le plaisir ; elles occupent l'esprit tout entier sans discontinuer, et plus en profondeur.
   — Bagehot

Jobs are like jail, with time added for good behavior.

•

Restaurants fail more frequently than gas stations because no one dreams of quitting his corporate job to open a gas station.

•

Expertise makes one peremptory, but peremptoriness does not make one expert.

•

Passion, *n.* An overwhelming urge to spend your life at something you don't do especially well.

•

The business of America is busyness.

•

Our doctors have cured so much, so little of it disease.

Un emploi c'est comme une sentence de prison, prolongée pour bonne conduite.

•

Les restaurants font faillite plus souvent que les stations-service parce que personne ne rêve de quitter son poste en entreprise pour ouvrir une station-service.

•

L'expertise confère l'autorité, mais l'autorité ne rend pas expert.

•

Passion : besoin irrépressible de consacrer sa vie à quelque chose en quoi on n'est pas particulièrement doué.

•

Aux États-Unis, les affaires, c'est de s'affairer.

•

Les médecins guérissent tout, principalement chez ceux qui n'ont rien.

The impeccably credentialed are always loyal to the reigning order.

•

Blaming an actor for being a narcissist is like blaming a tiger for being a carnivore.

•

To manage people effectively you must not only accept but praise work that you could have done better yourself.

•

You haven't learned a trade until you are surprised to see it done well.

•

In tedium lies opportunity.

•

It is when we recognize our hopeless inadequacy at everything else that we discover our vocation.

Les plus grands diplômés sont toujours les plus fidèles à l'ordre établi.

•

Reprocher à un acteur d'être narcissique, c'est comme reprocher à un tigre d'être carnivore.

•

Une gestion efficace du personnel exige non seulement qu'on en accepte le travail, mais qu'on les en félicite, en sachant qu'on aurait pu faire mieux soi-même.

•

On maîtrise son métier dès lors qu'on s'étonne de la qualité du travail d'un autre.

•

Répétitif, routinier ou ennuyeux : autant de belles occasions d'affaires.

•

C'est en prenant conscience de notre irrémédiable inaptitude en presque tout que nous découvrons notre vocation.

An actor can be ugly and still have no talent.

•

The most interesting things to do are the dullest to watch.

•

Professional courtesy is a conspiracy against the public.

•

The product of too great a contempt for bad work is no work.

•

Executives rail against government bureaucracy from the confines of a corporate bureaucracy that would shame an apparatchik.

•

Every nuisance that you could fix but tolerate instead represents a small, private, but unmistakable regression to savagery.

Un acteur peut être laid et n'avoir, pour autant, aucun talent.

•

Les activités les plus intéressantes auxquelles s'adonner sont aussi les plus monotones à regarder.

•

La courtoisie professionnelle est une conspiration contre le public.

•

À trop mépriser le travail mal fait, on ne travaille plus.

•

Les cadres d'entreprises s'élèvent contre la bureaucratie gouvernementale depuis les entrailles d'une bureaucratie qui ferait honte à un apparatchik.

•

Toutes les nuisances que vous tolérez plutôt que d'y remédier sont autant de régressions — privées et infimes, mais indéniables — vers l'état sauvage.

A relentlessly cheerful, upbeat, can-do attitude is a highly effective form of bullying.

•

Failure is always an option. Often it is the best option.

•

The good customer never reminds the shopkeeper how good a customer he is.

•

More successful enterprises have been created for spite than for money.

•

A career is tolerable only in retrospect.

•

Rather than spend time at work, spend the time you do spend at work working.

L'attitude volontariste, joviale et optimiste à tous crins est une redoutable forme d'intimidation.

•

L'échec est toujours une option, et souvent la meilleure.

•

Le vrai bon client ne rappellera jamais au commerçant qu'il est un bon client.

•

La rancune a fondé davantage d'entreprises à succès que la cupidité.

•

Ce n'est qu'en rétrospective qu'on tolère de qualifier sa vie professionnelle de carrière.

•

Au lieu de passer du temps au travail, passez-y votre temps à travailler.

Working on an easy task when you are capable of a hard one is a particularly insidious form of procrastination.

•

The more you know how things work, the less you expect them to.

•

The Third Culture is Engineering.

•

Science progresses by funeral, engineering by disaster.

•

The psychological travails of Western man stem mostly from the fact that he can be idle and not starve.

•

The glass ceiling may be *trompe-l'œil.*

Choisir la tâche facile lorsqu'on est capable d'en accomplir une difficile est une forme sournoise de procrastination.

•

Plus on comprend comment les choses fonctionnent, moins il va de soi qu'elles fonctionneront.

•

Il n'y a pas deux cultures, mais trois : scientifiques, littéraires, et ingénieurs.

•

La science avance à coup d'obsèques; l'ingénierie, à coup de désastres.

•

Si les Occidentaux sont angoissés, c'est surtout parce qu'ils peuvent rester oisifs sans jamais mourir de faim.

•

Le plafond de verre pourrait être un trompe-l'œil.

If you aren't supposed to use people, what do you do with them?

•

Ask if you do your job well, but first ask if it ought to be done at all.

•

Humanity for the first time is burdened with a vast proletariat of literate, ambitious, and demanding people who can't really do anything.

•

Intellectuals are hostile to businessmen chiefly because the public prefers what the businessmen are selling.

•

Whatever the world's greatest criminal mastermind is doing, it's sure to be legal.

•

Indolence wears many subtle disguises; sometimes it appears as fastidious disgust for the second-rate.

Si on ne doit pas se servir des autres, qu'en faire ?

•

Demandez-vous si votre travail est bien fait, mais demandez-vous d'abord si c'est une bonne chose de le faire.

•

Pour la première fois de son histoire, l'humanité est accablée d'un large prolétariat composé de gens lettrés, ambitieux, exigeants, et pas bons à grand-chose.

•

L'intellectuel est hostile aux hommes d'affaires avant tout parce que leur produit est plus populaire que le sien.

•

Quelles que soient ses activités, le plus grand esprit criminel du monde agit, à coup sûr, en toute légalité.

•

L'indolence se déguise de toutes sortes de façons habiles; parfois c'est en dégoût pointilleux pour le médiocre.

When did "personality" become a job description?

•

Effort is like medicine: half of it is useless or harmful, and the trick is to know which half.

Depuis quand le terme « personnalité » est-il devenu une description de poste ?

•

Les efforts, c'est comme les médicaments : la moitié sont inefficaces ou nocifs — le tout est de savoir quelle moitié.

L'AVOIR

Jamais personne ne s'efforce de vous convaincre qu'il est possible de vivre heureux en étant fortuné.
   — Samuel Johnson

Success, *n*. A not entirely unbroken record of failure.

•

The dirtiest money can be laundered in two generations.

•

It speaks well for money that people feel compelled to say it can't buy everything.

•

It hurts less to give up the luxury than the idea that you can afford it.

•

The more you have, the more you need.

•

Get-rich-quick schemes do less harm than get-wise-quick ones.

Succès, *n.m.* : discontinuité dans une série d'échecs.

•

Pour blanchir l'argent même le plus sale, deux générations suffisent.

•

On se sent obligé de dire qu'il n'achète pas tout, ce qui est flatteur pour l'argent.

•

Il est moins douloureux de renoncer au luxe qu'à l'idée qu'on peut se le permettre.

•

Plus on a, plus on a besoin.

•

Les combines pour s'enrichir d'un coup sont moins toxiques que celles pour devenir sage d'un coup.

No one is unprincipled until he is successful.

•

To reduce the value of anything one need only try to sell it.

•

For favors you pay three times over.

•

People will pay dearly for the right to bore you.

•

A thing got rid of is a joy forever.

•

The American upper middle class has largely given up sex and alcohol for litigation and insurance fraud.

Personne ne manque de scrupules avant d'avoir connu le succès.

●

Pour faire baisser la valeur d'une chose, vous n'avez qu'à essayer de la vendre.

●

À faveur reçue, dette triplée.

●

Plusieurs mettront le prix pour avoir le droit de vous ennuyer.

●

Ce dont on se débarrasse apporte du bonheur pour toujours.

●

Les litiges et les fraudes à l'assurance, chez la classe moyenne supérieure aux États-Unis, ont largement remplacé le sexe et l'alcool.

Wealth can be pursued cooperatively, but fame is to the death.

•

It is best that something as permanent as envy be directed at something as transient as money.

•

The very rich and the very poor both spend most of their time thinking about money.

•

Commercial success frees you to pursue further commercial success.

•

Some men, like Balzac's Goriot, are made of money, and when it ends so do they.

•

To gauge opinion, check bond prices.

Pour la richesse, on se bat côte à côte ; pour la célébrité c'est l'un contre l'autre, et à la mort.

•

Il est préférable que l'envie, si tenace, se porte sur l'argent, si éphémère.

•

Les plus riches comme les plus pauvres passent le clair de leur temps à penser à l'argent.

•

Le succès commercial apporte la liberté, celle de viser un encore plus grand succès commercial.

•

Certaines personnes, comme le père Goriot chez Balzac, sont faites d'argent : qu'il vienne à manquer, et elles s'éteignent.

•

Pour mesurer l'opinion, consultez le prix des obligations.

The joy of money lies less in what one does than in what one might do.

•

A man will reveal the most intimate details of his sex life before he will show you his tax return.

•

Inequalities of wealth and power pale beside inequality of merit.

•

Halving your actual possessions doubles your effective ones.

•

The only known cure for materialism is poverty.

•

No one can be bought, but everyone can be rented.

Le plaisir de l'argent, ce n'est pas tant ce qu'on en fait, que ce qu'on pourrait en faire.

•

On révélera les détails de sa vie sexuelle bien avant de montrer sa déclaration de revenus.

•

Les inégalités de richesse et de pouvoir ne sont rien à côté des inégalités de mérite.

•

Réduire de moitié vos possessions vous en fait deux fois plus d'utiles.

•

Le seul remède connu contre le matérialisme est la pauvreté.

•

Nul ne peut être acheté, mais tous peuvent être loués.

LE POUVOIR

A regime of many laws is a great aid in the destruction of men of large virtues and petty faults.

•

No government strong enough to provide liberty is weak enough to preserve it.

•

Hard cases make bad law, and good law makes hard cases.

•

The worse the government, the longer the speeches.

•

Abroad we make our soldiers pretend to be policemen, and at home we let our policemen pretend to be soldiers.

•

No government suppresses thought and speech as effectively as your friends and neighbors do.

Un régime bardé de lois permet de détruire les hommes de grande vertu et de petits vices.

•

Nul gouvernement assez fort pour procurer la liberté n'est assez faible pour la préserver.

•

Les causes difficiles entraînent de mauvaises lois, et les bonnes lois entraînent des causes difficiles.

•

Pire est le gouvernement, plus longs sont les discours.

•

À l'étranger, on demande à nos soldats de jouer aux policiers; à domicile, on laisse nos policiers jouer aux soldats.

•

En matière de censure, aucun gouvernement n'arrive à la cheville de vos amis et de vos voisins.

Tardiness is the rudeness of kings, and punctuality the necessary politeness of their subjects.

•

Every genocide is an accidental eugenics program.

•

Ideologies must be classed not by what they intend to build but by what they intend to destroy.

•

A well-conducted police state pardons a few prisoners; this persuades the populace that the rest are guilty.

•

A government not of men but of laws — written by men, interpreted by men, and enforced by men.

•

There are always and everywhere two political parties: the Ins and the Outs. The rest is advertising.

Le retard est la malséance des rois; la ponctualité,
la bienséance obligée de leurs sujets.

•

Tout génocide est un programme accidentel d'eugénisme.

•

On ne doit pas classer les idéologies selon ce qu'elles visent
à construire, mais à détruire.

•

Un état policier bien mené accorde le pardon à quelques
prisonniers, ce qui convainc le peuple de la culpabilité de
tous les autres.

•

Un gouvernement régi non par les hommes, mais par
les lois — des lois écrites, interprétées et appliquées par les
hommes.

•

Il n'y a jamais eu que deux partis politiques : les Gagnants
et les Perdants. Le reste n'est que publicité.

Inflict the punishment, and the crime will be inferred.

•

The favorite tool of the politician is the organization that professes itself above politics.

•

Countries are artificial: cities are natural.

•

One ought to be a bit embarrassed to win an election.

•

Men form alliances first not to be stolen from, and then to steal.

•

A police state always employs the children to cow the adults.

Punissez : on en déduira le crime.

•

L'outil préféré du politicien est l'organisation qui se dit
au-dessus de la politique.

•

Les pays sont artificiels ; les villes sont naturelles.

•

On devrait être un peu gêné d'avoir gagné une élection.

•

Les hommes forment des alliances d'abord pour ne pas se
faire voler, ensuite pour voler.

•

L'état policier utilise toujours les enfants pour asservir les
adultes.

Many privileges are granted on the implied condition that they will not be exercised.

•

People would rather be ruled by their own kind than well.

•

Politicians do not place their personal interests before the national interest: they regard them as indispensable to the national interest.

•

All arguments over process are in fact over policy.

•

People will stand for hardship from their rulers but not for insult.

•

The incorruptible politician merely prefers power to money.

Plusieurs privilèges sont, tacitement, octroyés sous condition qu'ils ne soient jamais exercés.

•

On préfère être gouverné par ses semblables qu'efficacement.

•

Le politicien ne fait pas passer ses intérêts avant ceux de la nation : il juge seulement les premiers indispensables aux seconds.

•

Se disputer sur les processus, en fait, c'est toujours se disputer sur les politiques.

•

De son souverain on supporte les privations, mais pas les insultes.

•

Le politicien incorruptible préfère simplement le pouvoir à l'argent.

Parents, and governments, pursue order, not justice.

•

Leader, *n.* A megalomaniac whose luck has not yet run out.

•

Every new power allies itself with the dispossessed, for the possessed are its competition.

•

No one wants equality except with his betters.

•

Punishment deters best when regarded as expiation.

•

The practicing capitalist is a capitalist; the practicing anarchist is a terrorist; the practicing socialist is a thief.

Les parents, comme les gouvernements, visent l'ordre, pas la justice.

•

Dirigeant, *n. m.* : mégalomane dont la chance ne s'est pas encore épuisée.

•

Tout nouveau pouvoir s'allie aux dépossédés, car les puissants sont sa concurrence.

•

On ne veut d'égalité qu'avec ses supérieurs.

•

La punition dissuade mieux lorsqu'on y voit une forme d'expiation.

•

Le capitaliste pratiquant est un capitaliste; l'anarchiste pratiquant est un terroriste; le socialiste pratiquant est un voleur.

The conservative does not vouch for the health of the patient; he merely prefers the disease to the cure.

•

By the time a suit reaches the Supreme Court any party that can be ruined has been.

•

Revolutions spare nothing but the machinery of the state at which they are ostensibly directed.

•

Revolution gets awfully good press, considering its track record.

•

The less you are contradicted, the stupider you become. The more powerful you become, the less you are contradicted.

•

That no one is above the Law is less a principle than a threat.

Le conservateur n'affirme pas que le patient est en santé, mais il préfère la maladie au traitement.

●

Sa cause enfin devant la Cour suprême, toute partie qui risquait la ruine, s'est ruinée.

●

Les révolutions n'épargnent rien sauf les mécanismes en place auxquels, en apparence, elles s'attaquent.

●

Connaissant ses antécédents, la révolution a étonnamment bonne presse.

●

Moins on nous contredit, plus on s'abrutit. Plus on devient puissant, moins on nous contredit.

●

« Personne n'est au-dessus de la loi » n'est pas tant un précepte qu'une menace voilée.

The people are flattered more obsequiously than the monarch ever was.

•

Those who attack the status quo on the grounds that nothing could be worse are usually proposing something worse.

•

Liberty, Equality, Justice, and The People have demanded more human sacrifice than all other divinities combined.

•

Anything can be conjured into existence by empowering a committee to suppress it.

•

That anyone would wish for power is sufficient reason to deny it to him.

•

Nobody says "it's the law" about a good law.

On lèche les bottes du peuple bien plus obséquieusement que celles du monarque.

•

Ceux qui s'attaquent au statu quo en prétextant que rien ne pourrait être pire, proposent habituellement quelque chose de pire.

•

Liberté, Égalité, Justice et Nous-le-Peuple ont réclamé davantage de sacrifices humains que toutes les autres divinités confondues.

•

Tout peut se mettre à exister dès lors qu'on charge un comité de s'en débarrasser.

•

Quiconque aspire au pouvoir devrait, de ce seul fait, se le voir refuser.

•

Personne ne dit « c'est la loi » à propos d'une loi sensée.

The revolutionary treats the oppressed as the defense lawyer treats the client: under no circumstances are they to speak for themselves.

•

Taxes, regarded as the price of indifference, are a bargain.

•

The tyrant concerned for his reputation must concentrate his fire on the inarticulate, who don't leave pesky memoirs behind. Kill peasants, not Jews.

•

There can be no tyranny without opacity.

•

The revolutionary is nine parts hatred and envy of the oppressor, and one part sympathy and love for the oppressed.

•

Every party looks its best out of power.

Le révolutionnaire traite les opprimés comme un avocat de la défense ses clients : en aucun cas ne devraient-ils se défendre par eux-mêmes.

•

Les taxes, conçues comme le prix de l'indifférence, sont une aubaine.

•

Le tyran soucieux de sa réputation doit s'en prendre aux moins instruits, qui ne laissent pas de mémoires gênants : tuer les paysans, pas les Juifs.

•

Sans opacité, nulle tyrannie possible.

•

Le révolutionnaire : une goutte de sympathie pour les opprimés dans un océan de haine envieuse pour l'oppresseur.

•

Les partis n'ont jamais si belle allure que lorsqu'il ne sont pas au pouvoir.

Man is everywhere in chains, which imposes a substantial evidentiary burden on those who claim that he is born to be free.

•

I don't want to be a subject of my government. I don't even want to be a shareholder. I just want to be a customer.

•

Revolution is seeded by abuse and watered by reform.

•

The people never means quite all of them.

•

Liberty, Equality, or Fraternity.

L'homme est partout dans les fers, et quiconque le prétend né pour être libre porte le fardeau de la preuve.

•

De mon gouvernement, je ne veux être ni le sujet, ni même l'actionnaire : seulement le client.

•

L'abus fait germer la révolution, la réforme l'arrose.

•

Parler des gens du peuple, c'est toujours en exclure.

•

Liberté, Égalité, ou Fraternité.

L'AMOUR-PROPRE

We are what we fear to appear to be.

•

We talk not to say something, but to show something.

•

Demanding respect is the infallible sign of not deserving it.

•

History is the events leading up to my life; biography is the events leading up to my death.

•

We are just deep enough to wish for depths.

•

It is a peculiar hell, this world in which everyone is always ready for his close-up.

Nous sommes ce que nous craignons de sembler être.

•

On ne parle pas pour dire, mais pour montrer.

•

Exiger le respect prouve à coup sûr qu'on ne le mérite pas.

•

L'histoire, c'est tout ce qui mène à ma vie ; la biographie, tout ce qui mène à ma mort.

•

Nous sommes juste assez profonds pour espérer la profondeur.

•

Quel étrange enfer que ce monde où tous, en tout temps, sont prêts pour le gros plan.

Those who profess indifference to the opinions of others might advertise it less.

•

Being bad at math does not make you good at art.

•

We laugh mostly to show that we understand the joke.

•

An American has no betters, as far as he knows.

•

We are such accomplished liars because we get so much practice on ourselves.

•

To regard oneself as the exception is the rule.

Ceux qui se disent indifférents à l'opinion des autres pourraient moins l'afficher.

•

Être mauvais en mathématiques ne vous rend pas doué pour les arts.

•

On rit surtout pour montrer qu'on a compris la blague.

•

Pour autant qu'ils sachent, personne ne surpasse les Américains.

•

Si nous sommes si bons menteurs, c'est que les occasions ne manquent pas de nous exercer sur nous-mêmes.

•

Se voir comme l'exception, c'est la règle.

Knowing the answer does not oblige you to raise your hand.

•

Salieri was a lot better at music than you are at anything.

•

You can ignore the opinions of others if you know your own worth, and a persistent delusion works equally well.

•

We praise in others what we wish to have noticed in ourselves.

•

It is our former selves that we especially loathe.

•

I owe my sublime indifference to awards, prizes, and all forms of official recognition to never receiving any.

Ce n'est pas parce que vous connaissez la réponse que vous devez lever la main.

•

Salieri avait un plus grand talent pour la musique que vous n'en avez pour quoi que ce soit.

•

On peut faire fi de l'opinion des autres lorsqu'on connaît sa propre valeur, ou qu'on s'en est convaincu.

•

On complimente les autres sur ce qu'on voudrait qu'ils remarquent de soi.

•

Ce sont surtout les anciens soi, qu'on déteste.

•

Si les prix et la reconnaissance officielle me laissent souverainement indifférent, c'est que je n'en ai jamais reçu.

An idiot especially resents being treated like an idiot.

•

The polite conversationalist, when interrupted by a monologue, smiles, and waits his turn, before resuming his own.

•

Everyone is vain about his choice of what not to be vain about.

•

The most grievous insult is the affected modesty of the truly accomplished.

•

The Dunning-Kruger effect is especially pronounced in people who know what the Dunning-Kruger effect is.

•

We reserve our warmest admiration, not for what is utterly beyond us, but for what we believe we might have done ourselves on our very best day.

L'idiot supporte particulièrement mal qu'on le traite comme tel.

•

Lorsqu'on l'interrompt avec un long monologue, le causeur courtois attend son tour en souriant, puis reprend le sien.

•

En se refusant à la vanité en ceci ou cela, nous sommes tous vains.

•

Rien de plus insultant qu'un vrai génie feignant la modestie.

•

L'effet Dunning-Kruger est particulièrement marqué chez ceux qui savent en quoi il consiste.

•

Nous réservons notre plus grande admiration, non pas au talent qui nous surpasse de beaucoup, mais à celui dont nous croyons que nous aurions pu, à notre meilleur, l'égaler.

We all have the strength to refuse what we have not been offered.

•

Greed often sharpens the mind; vanity never.

•

Nothing reduces status like being caught grubbing for it.

•

If it has never crossed your mind that you might be stupid, you are.

•

It is impossible to recognize your betters until you acknowledge that they exist.

•

We are all such good people, and we all do such horrid things.

Nous avons tous la force de refuser ce qui ne nous est pas offert.

•

La cupidité aiguise souvent l'esprit; la vanité, jamais.

•

Rien n'entame le statut social comme de se faire prendre à manœuvrer pour qu'on nous remarque.

•

S'il ne vous est jamais venu à l'esprit que vous pourriez être stupide, vous l'êtes.

•

Impossible de reconnaître ceux qui vous surpassent sans d'abord admettre qu'ils existent.

•

Nous sommes tous de si bonnes personnes, et nous posons tous des gestes si ignobles.

L'ÊTRE

All appears as it would if it were what it is.

•

One is human insofar as one is difficult to model.

•

Life has heuristics: only games have rules.

•

No one thinks to correct hypocrisy by aligning his beliefs with his actions.

•

One of truth's greatest enemies is collegiality.

•

Fortune does not favor the bold; it only encounters them more often.

Les choses nous apparaissent toutes comme elles le feraient si elles étaient ce qu'elles sont.

•

Vous êtes humain dans la mesure où il est difficile de modéliser ce que vous êtes.

•

La vie fonctionne par heuristiques; seuls les jeux ont des règles.

•

Personne ne pense à rectifier son hypocrisie en ajustant ses convictions à ses gestes.

•

Un des plus grands ennemis de la vérité est la collégialité.

•

La chance ne sourit pas aux audacieux : elle les rencontre seulement plus souvent.

Certain qualities — skepticism, iconoclasm, willpower — are fixed in quantity, and must be apportioned wisely.

•

A reputation for virtue is its own reward.

•

Law of Moral Parsimony: The most probable explanation is the least flattering.

•

Men will never be as good at being men as cats are at being cats.

•

The future will marvel that we regarded "be yourself" as sound moral advice.

•

Never attribute to malice what can be explained by stupidity, or to stupidity what can be explained by drug abuse.

Certaines ressources, comme le scepticisme, l'iconoclasme ou la volonté, sont épuisables : on doit les répartir judicieusement.

•

Une réputation de vertu est sa propre récompense.

•

Loi de la parcimonie morale : l'explication la plus probable est la moins flatteuse.

•

Les humains ne seront jamais des humains aussi aisément que les chats, des chats.

•

L'avenir s'étonnera de ce que « soyez vous-mêmes » nous ait semblé être une règle de vie éclairée.

•

N'attribuez jamais à la malice ce qu'on peut expliquer par la stupidité, ou à la stupidité ce qu'on peut expliquer par l'usage de stupéfiants.

You never violate your principles: you only discover that they are not what you thought they were.

•

Too bourgeois is an irritant, not bourgeois enough a disaster.

•

The dream of escaping oneself can be realized, in part, by escaping other people's ideas of oneself.

•

A man can adapt to nearly anything, but only two or three times.

•

Better deceived than distrustful.

•

As sympathy broadens, it also shallows.

On n'enfreint jamais ses principes : on découvre seulement qu'ils sont différents de ce qu'on croyait.

•

Trop bourgeois, c'est irritant ; pas assez, c'est désastreux.

•

Le rêve d'échapper à soi-même se réalise, en partie, dès lors qu'on échappe à l'idée que les autres se font de nous.

•

On peut s'adapter à presque tout, mais pas plus que deux ou trois fois.

•

Mieux vaut dupé que méfiant.

•

La sympathie, étendue, s'amincit.

What good is age without wisdom, or youth without folly?

•

Whatever you have done, you are the sort of person who would do that.

•

Through the veil of routine you sometimes glimpse what you are really doing.

•

Whoever despises the means does not desire the end.

•

Habits acquired in jest are retained in sorrow.

•

You attenuate your strengths by too assiduously correcting your defects.

À quoi bon la vieillesse sans la sagesse, ou la jeunesse sans la folie ?

•

Quoi que vous ayez fait, vous êtes le genre de personne à le faire.

•

Parfois, au travers du voile de la routine, on entrevoit ce qu'on est vraiment en train de faire.

•

Quiconque déteste les moyens ne désire pas la fin.

•

Les habitudes qu'on acquiert à la blague, on les regrette à la longue.

•

À trop vouloir corriger ses défauts, on amoindrit ses qualités.

What we call maturity is mostly fatigue.

•

The first trick every utterly unreasonable person masters is a calm and reasonable appearance.

•

The fat man should never eat the last doughnut.

•

Manners are the cargo cults of morals.

•

The lives of desperation that most men lead at least used to be quiet.

•

The value of privacy can be judged by everyone's rush to dispose of what little he has left.

Ce qu'on appelle maturité, c'est principalement de la fatigue.

•

Une apparence de calme et de raison est la première astuce qu'apprennent les plus déraisonnables.

•

Le plus gros ne devrait jamais manger le dernier beignet.

•

Les bonnes manières sont comme un culte du cargo appliqué à la morale.

•

Les existences de tranquille désespoir que menaient les hommes n'ont plus rien de tranquille.

•

Pour estimer l'importance qu'accorde le plus grand nombre à la confidentialité, voyez à quelle vitesse ils ont abandonné le peu qui leur en restait.

Moral progress is only economic progress: men in the mass have the ethics they can afford.

•

"If it ain't broke, don't fix it" would be a more telling argument if everything were not, in fact, broke.

•

Tact is the art of being rude.

•

No one hates or envies insincerely.

•

Nothing tastes quite like the hand that feeds you.

•

All special snowflakes look exactly alike without a microscope.

Le progrès moral n'est qu'économique : l'homme du quotidien a l'éthique dont il a les moyens.

•

« Si ce n'est pas cassé, ne le répare pas » aurait plus de poids si tout n'était pas cassé.

•

Le tact est l'art d'être désobligeant.

•

Personne ne hait ou n'envie hypocritement.

•

Rien ne goûte meilleur que la main qui vous nourrit.

•

Sans un microscope, tous les flocons de neige uniques ont l'air parfaitement identiques.

People will like you if you like them, which is too high a price.

•

Anger impairs judgment and improves memory.

•

What can be done can usually be undone, but at considerable expense.

•

We wish, not to be understood, but to be misunderstood exactly as we misunderstand ourselves.

•

Adaptive is not optimal.

•

Boredom is often fatal, though it never appears on the coroner's report.

Les gens vous aimeront si vous les aimez, et cela est trop cher payer.

•

La colère affecte le jugement et affûte la mémoire.

•

En général, tout ce qu'on peut faire, on peut aussi le défaire — mais à grands frais.

•

On ne désire pas être compris, mais mécompris de la façon exacte dont on se mécomprend soi-même.

•

Adaptatif : imparfait.

•

L'ennui, quoiqu'il soit toujours absent du rapport de coroner, est souvent mortel.

The petty soul favors the grand gesture.

•

The end does not justify the means; it is the means.

•

We all want to be happy, just not at the expense of the qualities that make us unhappy.

•

What you lose with age is not so much capacities as the illusion that you ever had them.

•

Whatever one does well one is sure to do too often.

•

Attention begets all virtue, distraction all vice.

Le petit esprit préfère le grand geste.

•

Les moyens ne sont pas justifiés par la fin; ils sont la fin.

•

On veut tous être heureux, mais pas s'il faut changer en nous les choses qui nous rendent malheureux.

•

L'âge ne nous prive pas tant de nos capacités que de l'illusion de les avoir.

•

Quand on est doué pour quelque chose, c'est inévitable, on le fait trop souvent.

•

L'attention est la mère de toutes les vertus, et la distraction, de tous les vices.

Most evil is done routinely.

•

There is always a ceiling, and never a floor.

•

The one simple thing that will change your life is to stop believing that one simple thing will change your life.

•

Wisdom is the great consolation prize.

Presque tout le mal qu'on fait est routinier.

•

Il y a toujours un plafond, jamais de plancher.

•

Une seule chose changera votre vie : cesser de croire qu'une seule chose pourra changer votre vie.

•

La sagesse est l'ultime prix de consolation.

LE PARAÎTRE

Religion, art, goût, et autres illusions.

We are constrained not by the tiny number of possibilities that we reject, but by the vast number that never occur to us.

•

If you wish to change a man's beliefs, you have to give him something to replace them.

•

Nobody knows what he's missing.

•

Sometimes it is the work of art that looks at you and finds you wanting.

•

An outré appearance generally hides a conventional mind.

•

The artist-provocateur does more damage than he knows: he immunizes his audience against shock, and who cannot be shocked cannot be moved.

Le nombre de possibilités que nous écartons est infime ; notre vraie prison, c'est la multitude de celles auxquelles on ne pense jamais.

•

Pour changer les croyances d'un homme, il faut lui donner quelque chose pour les remplacer.

•

Personne ne sait ce qu'il manque.

•

Parfois, c'est l'œuvre d'art qui vous regarde et trouve vos failles.

•

Un style excentrique cache habituellement un esprit conventionnel.

•

L'artiste provocateur fait plus de tort qu'il ne le pense : il immunise son public contre le choc, or qui ne peut être choqué, ne peut être touché.

Bad art leads to bad restaurant service.

•

Civilization is artifice: to be natural within it is a supreme affectation.

•

Alienation is maladaptation.

•

Without the label you can't tell the difference.

•

What passes for sanity is only people's fortunate refusal to take their own ideas seriously.

•

Shortly before death comes nostalgia.

Mauvais artiste, mauvais service aux tables.

•

La civilisation est un artifice : y faire preuve de naturel est le comble de l'affectation.

•

Aliénation : mésadaptation.

•

Sans l'étiquette on ne fait pas la différence.

•

Ce qu'on appelle santé mentale n'est que le refus, salutaire, de prendre au sérieux ses propres idées.

•

Juste avant la mort vient la nostalgie.

Data and science have become our garlic and wolfsbane.

•

It is one's worst taste that is most characteristic.

•

The snob is a penitent, who flogs himself for what he likes with what he thinks he ought to.

•

The usual fantasy life is only a deluxe version of the actual one.

•

Boredom is more terrible than misery.

•

The strange grows familiar, and its former strangeness becomes impossible to recover or even to fathom.

Les données et la science sont notre ail et notre tue-loup modernes.

•

Ce en quoi on a le plus mauvais goût nous caractérise plus que tout.

•

Le snob est un pénitent : pour se punir de ce qu'il aime, il se flagelle avec ce qu'il devrait aimer.

•

La vie rêvée n'est habituellement rien de plus que la même vie, version luxe.

•

L'ennui est plus effroyable que la misère.

•

L'étrange devient familier, et son étrangeté initiale est à jamais perdue ; on ne peut même plus se l'imaginer.

People praise sincerity in art because they cannot bear the idea that an artist can imitate their deepest thoughts and feelings while remaining unmoved by them.

•

Where there are no constraints there can be no art.

•

Sanity is correspondence at the expense of coherence: madness is coherence at the expense of correspondence.

•

In the movies you can smoke all you like, but you can't cough without dying.

•

Man oscillates continuously between wishing to remain exactly as he is and wishing to become something, anything else.

•

Inner peace, simplicity, and harmony with the universe come to us all — very soon now, no hurry.

Les gens vantent la sincérité dans l'art parce qu'il leur est insoutenable de penser que l'artiste puisse si bien imiter leur monde le plus intime sans en être touché.

•

Sans contraintes, aucun art n'est possible.

•

La santé mentale, c'est la correspondance aux dépens de la cohérence ; la folie, c'est la cohérence aux dépens de la correspondance.

•

Dans un film, on fume tant qu'on veut, mais si on tousse, on meurt.

•

L'homme oscille sans fin entre le désir de ne pas changer d'un iota, et celui de devenir autre, n'importe quoi d'autre.

•

La paix intérieure, la simplicité et la communion avec l'univers arriveront bien assez vite — rien ne presse.

Religion will persist forever because of reality's stubborn refusal to accord with our primitive notions of justice.

•

As I interpret Genesis, the original sin is ennui.

•

Beauty that does not modify your standards for beauty is kitsch.

•

Religion without doctrine or ritual is nothing, or as we now say, spirituality.

•

Whatever you think you like — are you sure you like it? Or do you like being the sort of person who likes it?

•

At bad art you cry: at great art you cringe.

La religion ne disparaîtra jamais, parce que la réalité refuse obstinément de se conformer à nos conceptions primitives de la justice.

●

De ce que je comprends de la Genèse, le péché originel c'est l'ennui.

●

Une beauté incapable de modifier nos critères de beauté est kitsch.

●

La religion, sans doctrine ni rituel, ce n'est rien — ou, comme on dit maintenant, c'est la spiritualité.

●

Tout ce que vous pensez aimer, l'aimez-vous vraiment ? Ou aimez-vous plutôt être le genre de personne qui aime ces choses ?

●

L'art médiocre tire des larmes ; le grand art fait grincer des dents.

Good art does not ennoble, it merely refines; and bad art does not degrade, it merely coarsens.

•

Guilty pleasure, *n.* What you are afraid your inferiors might like.

•

The chief puzzle in aesthetics is not disagreement, but agreement. To a first approximation, everyone likes the same things.

•

Where once you had to confess your sins to be saved, it now suffices to confess your disease.

•

Art corrupts politics more than politics corrupts art.

•

God would satisfy no one without His viciousness and caprice.

L'art de qualité n'ennoblit personne, et celui de piètre qualité n'avilit pas : l'un rend plus fin, l'autre plus grossier, c'est tout.

•

Plaisir coupable : ce que les êtres inférieurs à vous risqueraient d'aimer.

•

En matière d'esthétique, la plus grande énigme n'est pas le désaccord, mais le consensus : nous semblons tous, de prime abord, aimer les mêmes choses.

•

Jadis, pour être sauvé, on confessait ses péchés ; aujourd'hui, on n'a qu'à confesser sa maladie.

•

L'art corrompt la politique plus que la politique ne corrompt l'art.

•

S'Il n'était pas vicieux et capricieux, Dieu ne comblerait personne.

In a friend it is easier to tolerate bad character than bad taste.

•

Primitives and children often have crude taste, but only civilized adults have bad taste.

•

Taste is quality divided by expense.

•

Any sufficiently naïve use of the word "science" is indistinguishable from the word "magic."

•

The audience will always be out of step with the artist, for one is just arriving at what the other has long since put out of mind.

•

The hard sciences killed God, natural selection buried Him, variance drove a silver stake through His heart, and yet He will not die.

On tolère plus facilement chez un ami le mauvais caractère que le mauvais goût.

●

Les sauvages et les enfants ont le goût peu développé, mais seuls les adultes civilisés ont mauvais goût.

●

Le goût, c'est la qualité divisée par le coût.

●

Tout usage suffisamment naïf du mot « science » est indiscernable du mot « magie ».

●

Le public et l'artiste seront toujours déphasés : l'un commence à s'intéresser à ce que l'autre a depuis longtemps oublié.

●

Les sciences exactes ont assommé Dieu, la sélection naturelle Lui a fiché un pieu en plein cœur, la variance L'a enterré, et pourtant, Il ne meurt pas.

Our awareness of what we deserve, but lack, is surpassed only by our blindness to what we have, but do not deserve.

•

Whether joy and suffering are regarded as immoral depends on which comes first.

•

Exceptionally bad art sometimes acquires a constituency, as famous murderers attract marriage proposals.

•

Western religious and secular thought have finally converged on the idea that to be good it is necessary only to believe that you are.

•

Belief in karma is the coward's revenge.

•

Most of the great art ever produced has been destroyed, forgotten, or unrecognized.

Nous avons une conscience aiguë de ce que nous mériterions d'avoir ; plus aiguë encore est notre cécité envers ce que nous avons sans le mériter.

•

La joie et la souffrance sont jugées immorales selon que l'une ou l'autre arrive en premier.

•

L'art particulièrement mauvais attire parfois des fervents ; les meurtriers célèbres attirent parfois des demandes en mariage.

•

En Occident, les perspectives religieuse et laïque convergent enfin sur un point : pour être bon, il suffit de croire qu'on l'est.

•

La croyance au karma est la vengeance du pleutre.

•

Presque toutes les grandes œuvres d'art ont été, au fil de l'histoire, détruites, oubliées ou ignorées.

LA MÉMOIRE

L'âge le plus sombre c'est aujourd'hui.
— Stevenson

We remember what we believe, and believe what we remember.

•

We call past ages unhappy with no better warrant than that we suppose we would have been unhappy in them.

•

Civilization has always existed only in enclaves, and whoever would universalize it is its enemy.

•

The past, like a mirror, is best gazed into from a middle distance; you can see nothing close up or far away.

•

The historical imagination is the recognition that then was someone else's now.

•

Each photograph in the album is a tiny buttress of age with youth, of a ruined present with a glorious past.

On se souvient des choses qu'on croit, et on croit les choses dont on se souvient.

•

On dit des temps anciens qu'ils étaient malheureux, avec pour seule preuve le fait qu'on s'y imagine malheureux.

•

La civilisation n'a jamais existé que par enclaves ; quiconque prétend l'universaliser en est l'ennemi.

•

Tel un miroir, le passé gagne à être appréhendé ni de près, ni de loin, mais à mi-distance. Sinon, on n'y voit rien.

•

L'imagination historique, c'est voir dans le passé le présent d'un autre.

•

Les photos de l'album sont autant de petits contreforts qui consolident l'âge avec la jeunesse, et le présent terni avec le passé éclatant.

Chivalry is moribund, but every war kindles a recrudescence.

•

History is apocryphal.

•

People throughout history have died mostly of being in the way.

•

The belief that one is entirely self-created has been possible in only a few times and places. It is an accident of circumstance.

•

Today we hear silence as our ancestors heard music.

•

All people at all times have annals; but only some at a few times have history.

La chevalerie est moribonde, mais chaque nouvelle guerre provoque sa recrudescence.

•

L'Histoire est apocryphe.

•

Tout au long de l'histoire, les hommes sont morts surtout pour avoir été en travers du chemin.

•

Croire qu'on se crée soi-même n'a été possible qu'en de rares temps et lieux. C'est purement le fruit des circonstances.

•

De nos jours, le silence est à nos oreilles ce que la musique était à celles de nos ancêtres.

•

Tous les peuples, à toutes les époques, ont leurs annales, mais seuls certains, à certaines époques, ont leur histoire.

History is not progress; yet without the idea of progress there can be no history.

•

That no change is possible was the ancient superstition; that any change is possible is the modern one.

•

Etiquette and ritual are observed long after traditions and religions have died, as fingernails still grow on a corpse.

•

We are more like our contemporaries than we imagine, and less like our ancestors.

•

Chronology is to history what arithmetic is to mathematics.

•

The archetype of the modern intellectual is not the dry specialist, as the nineteenth century foresaw, but the interdisciplinary huckster.

L'histoire ce n'est pas le progrès, mais sans l'idée du progrès, il n'y aurait pas d'histoire.

•

Rien ne peut changer, superstition des anciens; tout peut changer, superstition des modernes.

•

Longtemps après la mort des traditions et des religions, l'étiquette et les rituels persistent, comme poussent les ongles d'un cadavre.

•

On ressemble davantage à ses contemporains, et moins à ses ancêtres, qu'on ne se l'imagine.

•

La chronologie est à l'histoire ce que l'arithmétique est aux mathématiques.

•

L'archétype de l'intellectuel moderne n'a rien du spécialiste au discours aride que prédisait le 19ᵉ siècle; c'est plutôt un colporteur interdisciplinaire.

Today's *reductio*, tomorrow's reality.

•

Eventually one wearies of strangling the last king with the guts of the last priest.

•

Yesterday the great enemy of democracy was distinction of birth; today it is distinction of wealth; tomorrow it will be distinction.

•

Many historical figures supposed to be influential are chiefly so among the cataloguers of influence.

•

History is made forwards and written backwards, which is the chief source of error in both the making and the writing.

•

Civilizations expire, unnoticed, in a rabble of compilers, curators, connoisseurs, encyclopedists, mashers-up, aficionados.

Réduction à l'absurde aujourd'hui, réalité demain.

•

Étrangler le dernier roi avec les tripes du dernier prêtre, c'est fatigant à la longue.

•

Hier, l'ennemi de la démocratie était la distinction de naissance; aujourd'hui, c'est la distinction de richesse; demain, ce sera la distinction.

•

Maintes figures historiques dites influentes ne le sont qu'au regard des catalogueurs d'influence.

•

L'histoire marche vers l'avant, tandis que son récit se tourne vers l'arrière — d'où la plupart des erreurs dans la marche, et dans le récit.

•

Des civilisations s'éteignent, à notre insu, sous un vacarme de compilateurs, de conservateurs, de connaisseurs, d'encyclopédistes, de ramasseurs et d'amateurs.

"It was a culture," the historian will write a century from now, "that found it necessary to invent the word *unironically*."

•

More people fear the past than the future.

•

Those who can remember the past are condemned to tell those who cannot what part of it we are now repeating.

•

Humanity has progressed vastly with how, less with what, and not at all with why.

•

Our descendants will regard us for hanging men as we regard our ancestors for hanging dogs.

•

The great lesson of history is that it exists.

Dans cent ans, un historien dira de notre culture : « Elle a jugé nécessaire d'inventer le mot *inironiquement.* »

•

Davantage de gens craignent le passé que l'avenir.

•

Ceux qui se souviennent sont condamnés à expliquer à ceux qui ne se souviennent pas quelle page du passé nous sommes en train de répéter.

•

En matière de comment, l'humanité a beaucoup progressé ; en matière de quoi, moins ; et en matière de pourquoi, pas du tout.

•

Nos descendants nous jugeront pour avoir pendu des hommes comme nous jugeons nos ancêtres pour avoir pendu des chiens.

•

La plus grande leçon de l'histoire est qu'elle existe.

LE RESTE

Impossible d'avoir une prison moderne sans mobilier moderne.
    — Clouseau

The modern world does not create our ills; it only drags them into the light.

•

Tell me what you hate, and I will tell you how old you are.

•

Imagination is anthropomorphism run amok.

•

Personality varies like men's fashion — a quarter-inch of width in the tie or length in the cuff.

•

To get along with children, treat them like adults; to get along with adults, treat them like children.

•

A country has become civilized when its inhabitants can form an orderly queue.

Le monde moderne n'est pas responsable de nos malheurs ;
il ne fait que les mettre en lumière.

•

Dis-moi ce que tu détestes, je te dirai ton âge.

•

L'imagination, c'est l'anthropomorphisme débridé.

•

La personnalité varie comme la mode masculine : quelques
millimètres en plus ou en moins, aux manches et à la
cravate.

•

Pour bien vous entendre avec les enfants, traitez-les comme
des adultes — et les adultes, comme des enfants.

•

Un pays est civilisé dès lors que ses habitants savent former
une file d'attente.

One is asked to be reasonable and expected to be moderate.

•

The great contemporary leveler of class distinctions is automated spell-checking.

•

Diseases have fashions, but hypochondria is always in style.

•

We know how to lose at Natural Selection, but how do you win?

•

A civilization with elaborate manners is already half-dead.

•

Now that all have prizes, has everybody won?

On en appelle à notre raison, mais ce qu'on demande c'est notre modération.

•

Le plus grand égalisateur moderne de classes sociales, c'est la correction d'orthographe automatisée.

•

Les maladies passent de mode; l'hypocondrie reste en vogue.

•

Au jeu de la sélection naturelle, on sait comment perdre — mais comment gagner?

•

Une civilisation aux manières recherchées est déjà à moitié morte.

•

Maintenant qu'on a tous reçu un prix, est-ce qu'on a tous gagné?

The chief perquisite of belonging to a race or creed is a lifetime pass to tell nasty jokes at its expense.

•

The best possible recommendation is from someone who hates it for reasons that would make you like it.

•

We all suffer from a variety of psychiatric disorders, which used to be known as personality.

•

Great geniuses possess no extraordinary qualities, only ordinary qualities in exceptional measure.

•

Therapy encourages the patient to think and talk about himself — which is what induced him to seek therapy.

•

In a democratic age manners and mores spread from top to bottom, then from bottom back to top.

Notre plus grand privilège en tant que membre d'une race ou d'une confession est le droit irrévocable de se payer sa tête.

•

Il n'y a pas meilleure recommandation que quelqu'un qui déteste quelque chose pour les mêmes raisons que vous l'adoreriez.

•

Nous souffrons tous de troubles psychiatriques divers : c'est ce qu'on appelait autrefois la personnalité.

•

Les génies ne possèdent aucune qualité extraordinaire, seulement des qualités ordinaires surdéveloppées.

•

La thérapie encourage le patient à penser à lui et à parler de lui — cela même qui l'a incité à aller en thérapie.

•

À l'ère de la démocratie, les manières et les mœurs se propagent du haut vers le bas, puis du bas vers le haut.

The height of a civilization can be judged by its mathematics and its music.

•

The likeable never know whether they are liked for themselves or for their likeability.

•

Whatever is unnecessary is pernicious.

•

There is a level of fame where it is no longer necessary to be interesting, and a higher level where it is no longer possible.

•

The provocateur is the most fortunate of men: he receives all credit for his wisdom and no blame for his folly.

•

Many people kill themselves because they are tired of repeating themselves.

Pour juger du degré d'avancement d'une civilisation, on peut se fier à ses mathématiques et à sa musique.

•

Les gens aimables ne savent jamais si on les aime pour eux-mêmes ou pour leur amabilité.

•

Le superflu est toujours pernicieux.

•

Il y a un niveau de célébrité où être intéressant n'est plus nécessaire, et un autre niveau, plus élevé encore, où ce n'est plus possible.

•

Le provocateur est le plus chanceux de tous : on encense sa sagesse sans lui reprocher sa folie.

•

Plusieurs se tuent qui sont las de se répéter.

Candor is honesty's poor relation.

•

Evil, to a first approximation, is stupidity.

•

Now that the symptoms of genius have been thoroughly advertised, one sees a great deal more of the symptoms.

•

Youth buys Age, and Age buys Youth.

•

For purposes of conversation the world can be divided into two classes: too young to talk, and too old to listen.

•

Youth is lost like money — gradually, then suddenly.

La candeur est le parent pauvre de l'honnêteté.

•

Le Mal, en première approximation, c'est la stupidité.

•

Maintenant qu'ont largement été publicisés les symptômes du génie, on les voit apparaître partout.

•

La Jeunesse achète l'Âge, et l'Âge achète la Jeunesse.

•

En fait de conversation, on peut diviser le monde en deux catégories : trop jeunes pour parler, et trop vieux pour écouter.

•

La jeunesse se perd comme l'argent : graduellement, puis subitement.

Nothing is more vulgar than a horror of vulgarity.

•

The Jewish kid who spray-paints a swastika on the synagogue to make the local TV news — this is the guiding metaphor for our time.

•

An electronic device that tracked your location at all times used to be a condition of parole.

•

Behavioral is to classical economics as relativistic is to classical mechanics.

•

When God wants to punish you, He sends a person of bad character who shares all of your opinions.

•

No party is boring when regarded as field work in cultural anthropology.

Rien n'est plus vulgaire que d'avoir la vulgarité en horreur.

•

Un gamin juif qui, pour être vu dans les médias, dessine une croix gammée nazie sur une synagogue : voilà la métaphore qui guide notre époque.

•

Il n'y a pas si longtemps, porter un dispositif électronique capable de vous localiser en tout temps était le propre de la libération conditionnelle.

•

L'économie comportementale est à l'économie classique ce que la mécanique relativiste est à la mécanique classique.

•

Quand Il veut vous punir, Dieu envoie quelqu'un de désagréable qui partage toutes vos opinions.

•

Une fête n'est jamais ennuyeuse lorsqu'on en fait une expédition d'anthropologie culturelle.

People who do not say what they mean usually do not know what they mean.

•

To hate something properly you must have liked it once.

•

No cynic would argue for cynicism.

•

We cry wolf and then the world ends.

Ceux qui ne disent pas ce qu'ils pensent ne savent
généralement pas ce qu'ils pensent.

•

Pour bien haïr quelque chose, on doit l'avoir déjà aimé.

•

Jamais un cynique ne plaiderait en faveur du cynisme.

•

On crie au loup, puis arrive la fin du monde.

À PROPOS DU TRADUCTEUR

Jean-Benoît Rainville est rédacteur et traducteur depuis une vingtaine d'années.

Si vous lui demandez, il dira peut-être plutôt qu'il joue avec les mots comme il le faisait, enfant, avec des blocs. Et que si ses blocs de grande personne sont sensiblement plus petits, le plaisir demeure le même : les faire tenir en équilibre dans une forme harmonieuse. Mais il est encore plus probable qu'il ne dira rien, car s'il fait bien son travail, les mots qu'il traduit devraient parler d'eux-mêmes.